Contents

MW00809109

Bilingual: Reading Grade 1, SV 9781419099670

Features

The *Steck-Vaughn Bilingual* series is a collection of 12 engaging workbooks focusing on basic skills from reading and math. The books provide practice and fun activities for students in prekindergarten through fourth grade. Each activity has an English and Spanish version, making this a perfect dual-language resource for learners in a variety of classroom settings.

Practice Pages

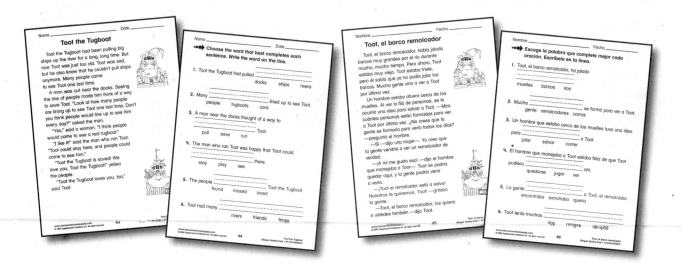

Fun Pages

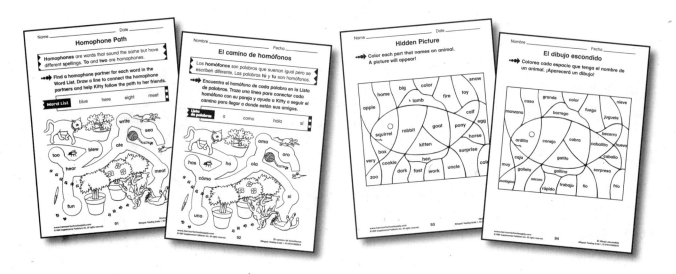

Name _____ Date _____

My Friend Judy

Hi! My name is Happy. I am a dog. I have a friend. Her name is Judy. She is a girl.

One day I took Judy out for a walk. We were having fun on our walk. I think she liked it when I ran away from her.

I was having so much fun running. Then I ran into the mud. Judy ran into the mud, too. She didn't like the mud very much.

"Don't run away from me any more!" she said.

Judy had mud all over her. I was glad that she took a bath. I was not glad when I had to get a bath. I just hate baths!

I think I will keep Judy. She is a good friend. She does just what I say. I do just what she says. We like each other.

Judy is my best friend. I think I am her best friend, too.

My Friend Judy
Bilingual: Reading Grade 1, SV 9781419099670

Name _____ Date _____

●●●▶ Choose the word that best completes each sentence. Write the word on the line.

1. Happy and Judy are _____.

          dogs   friends   sisters

2. Judy and Happy have _____.

          girls   fun   bites

3. Judy and Happy run into the _____.

          mud   house   shelf

4. Judy tells Happy not to _____.

          run   hide   jump

5. Happy does not like _____.

          running   walks   baths

6. Happy thinks he will _____ Judy.

          feed   keep   miss

My Friend Judy
Bilingual: Reading Grade 1, SV 9781419099670

Mi amiga Judy

¡Hola! Mi nombre es Happy. Soy un perro. Yo tengo una amiga. Su nombre es Judy. Ella es una niña.

Un día llevé a Judy a caminar. Nos estábamos divirtiendo mucho en nuestro paseo. Creo que le gustó cuando corrí lejos de ella.

Me estaba divirtiendo tanto mientras corría. Luego corrí dentro del lodo. Judy también corrió dentro del lodo. A ella no le gustó mucho el lodo.

—¡No vuelvas a correr lejos de mí! —dijo ella.

Judy estaba llena de lodo por todas partes. Me dio gusto que se bañara. A mí no me gustó cuando yo me tuve que bañar. ¡Odio los baños!

Pienso que voy a seguir siendo amigo de Judy. Ella es una buena amiga. Ella sólo hace lo que yo digo. Yo sólo hago lo que ella dice. Nos caemos bien los dos.

Judy es mi mejor amiga. Pienso que yo también soy su mejor amigo.

Nombre _____ Fecha _____

●●●▶ **Escoge la palabra o palabras que completen mejor cada oración. Escríbelas en la línea.**

1. Happy y Judy son _____.

              perros   amigos   hermanos

2. Judy y Happy se _____.

             comen   divierten   muerden

3. Judy y Happy corren dentro

_____

        del lodo   de la casa   de la repisa

4. Judy le dice a Happy que no

_____.

        corra   se esconda   brinque

5. A Happy no le gusta _____.

        correr   caminar   bañarse

6. Happy piensa que él va a seguir

_____ Judy.

comiendo con   siendo amigo de   extrañando a

Name _____ Date _____

Rosa's Letter Friend

Donna and Rosa wrote a lot of letters to each other. In one letter, Donna asked Rosa to visit her when school was out.

Donna lived at the beach. It was far away. Rosa's mother needed to get someone to care for the animals. She needed to think about how she and Rosa could make the trip.

One morning Mother surprised Rosa. "I think we can go. I will ask our friends to feed our animals."

"Oh, I'm so happy!" said Rosa. "I'm going to meet my letter friend!"

The trip took a very long time. Mother said, "Next time, Donna can visit you. She can see your house."

When Rosa got to Donna's house, Donna was waiting. "Here is a rose for you, Rosa," Donna said. "I'm glad you could visit me."

"I'm glad, too," said Rosa. "I'm glad we are letter friends, and I'm glad we are friends."

Name _____ Date _____

●●●▶ Circle the letter next to the best answer.

1. When does Rosa visit Donna?
   A when school starts
   B when it is very cold
   C when school is out

2. Where does Donna live?
   A at the beach
   B in the city
   C on a farm

3. Who will Mother ask to feed the animals?
   A Donna
   B Rosa
   C friends

4. How does Rosa feel when Mother tells her they can go on the trip?
   A sad
   B happy
   C scared

5. What does Donna give Rosa?
   A a rose
   B an animal
   C a letter

Bilingual: Reading Grade 1, SV 9781419099670

La carta de la amiga de Rosa

Donna y Rosa se escribían muchas cartas. En una carta Donna le pidió a Rosa que la visitara cuando terminara el año escolar.

Donna vivía en la playa. Estaba muy lejos. La mamá de Rosa necesitaba que alguien cuidara a los animales. Ella tenía que pensar cómo podrían hacer el viaje ella y Rosa.

Una mañana la mamá de Rosa le dijo: —Creo que podemos ir. Le voy a pedir a nuestros amigos que les den de comer a los animales.

—¡Oh, me siento tan feliz! —dijo Rosa—. ¡Voy a conocer a mi amiga de las cartas!

El viaje tomó mucho tiempo. La mamá de Rosa dijo: —La próxima vez, Donna te puede visitar a ti. Ella puede venir a ver tu casa.

Cuando Rosa llegó a la casa de Donna, ella la estaba esperando. —Ésta es una rosa para ti, Rosa" —le dijo Donna—. Me da mucho gusto que hayas podido visitarme.

—A mí también me da mucho gusto —dijo Rosa—. Me da gusto que nos escribamos cartas, y me da gusto que seamos amigas.

Bilingual: Reading Grade 1, SV 9781419099670

Nombre _____ Fecha _____

●●●▶ Encierra en un círculo la letra junto a la mejor respuesta.

1. ¿Cuándo visita Rosa a Donna?
   A cuando empieza la escuela
   B cuando hace mucho frío
   C cuando termina el año escolar

2. ¿Dónde vive Donna?
   A en la playa
   B en la ciudad
   C en una granja

3. ¿A quién le pedirá la mamá que les dé de comer a los animales?
   A a Donna
   B a Rosa
   C a unos amigos

4. ¿Cómo se siente Rosa cuando le dice su mamá que sí pueden hacer el viaje?
   A triste
   B feliz
   C asustada

5. ¿Qué le da Donna a Rosa?
   A una rosa
   B un animal
   C una carta

Bilingual: Reading Grade 1, SV 9781419099670

Name _____ Date _____

Nan Mouse Rides

"Do you like your birthday cake?" Mother Mouse said.

"Yes," Nan Mouse said. "I like my cake very much!"

"Are you happy to have a birthday?" Father Mouse said.

"Yes," Nan said. "I like growing up."

"This is for you," Father said, "and this is, too."

A backpack and a blue cap! Nan was so happy!

"We also have a pony ride for you," said Mother.

"Come see your pony!" said Father.

"I am so happy with this pony," Nan said. "I can ride this pony all day!"

Nan's friends came to see the pony. They all wanted to ride the pony. So Nan let her friends have rides. Her friends were very happy. And Nan was very happy, too! Nan and her friends had fun with the pony all day.

Name _____ Date _____

●●●▶ Choose the word that best completes each sentence. Write the word on the line.

1. Nan Mouse likes her birthday _____.

                cake   song   money

2. Nan likes _____ up.

        sitting   growing   showing

3. Mother and Father give Nan a blue cap and a _____.

       puppy   balloon   backpack

4. Mother and Father also give Nan a _____.

       car   pony   bird

5. Nan's friends come to _____ her pony.

                see   read   hear

6. Nan's friends _____ the pony.

       wash   ride   feed

 Bilingual: Reading Grade 1, SV 9781419099670

Nombre _____ Fecha _____

Los paseos de la ratoncita Nan

—¿Te gusta tu pastel de cumpleaños? —dijo la mamá ratona.

—Sí —dijo la ratoncita Nan—. ¡Me gusta mucho mi pastel!

—¿Estás contenta de que sea tu cumpleaños? —dijo el papá ratón.

—Sí —dijo Nan—. Me gusta crecer.

—Esto es para ti —dijo Papá—, y esto también es para ti.

¡Una mochila y una gorra azul! ¡Nan estaba tan contenta!

—Nosotros también tenemos un caballito para que te des un paseo en él —dijo Mamá.

—¡Ven a ver a tu caballito! —dijo Papá.

—Estoy tan contenta con este caballito —dijo Nan—. ¡Puedo pasearme en este caballito todo el día!

Los amigos de Nan vinieron a ver al caballito. Todos querían subirse en el caballito. Así que Nan dejó que sus amigos se subieran. Sus amigos estaban felices. ¡Nan estaba muy feliz también! Nan y sus amigos se divirtieron con el caballito todo el día.

Bilingual: Reading Grade 1, SV 9781419099670

Nombre _____ Fecha _____

●●●▶ Escoge la palabra o palabras que completen mejor cada oración. Escríbelas en la línea.

1. A la ratoncita Nan le gusta

_____

_____ de su cumpleaños.

el pastel   la canción   el dinero

2. A Nan le gusta _____.

sentarse   crecer   notarse

3. Mamá y Papá le dan a Nan una gorra azul y

_____

_____.

un perrito   un globo   una mochila

4. Mamá y Papá también le dan a Nan un

_____

_____.

carro   caballito   pájaro

5. Los amigos de Nan vienen a _____
a su caballito.   ver   leer   oír

6. Los amigos de Nan _____
al caballito.   lavan   se suben   alimentan

A Nap for Pig

"Pig," said Mom, "come in for a nap."

"I don't like naps," said Pig. "I wish I could play all day!"

"You can't play all day," said Mom.

"I wish I were a bird. A bird could fly away and not nap," said Pig.

"You are not a bird," said Mom.

"I wish I were a frog. A frog could get wet and not nap," said Pig.

"You are not a frog," said Mom.

"I wish I were a fox. A fox could run away and not nap," said Pig.

"You are not a fox," said Mom. "I wish I were a horse."

"You do?" said Pig.

"Yes, I do!" said Mom. "A horse could TROT you to bed for a nap!"

"You can be a horse," said Pig. "You can trot me to bed."

"Jump on!" said Mom. "The horse will trot you to bed!"

A Nap for Pig
Bilingual: Reading Grade 1, SV 9781419099670

Name _____ Date _____

●●●▶ **Read each sentence. Choose a word from the Word List that has the same meaning as the underlined words. Write the word on the line.**

Word List

jumps	nap	trots
wet	wishes	

1. Pig does not want to <u>sleep for a short time</u>.

   _____

   _ _ _ _ _ _ _ _ _ _ _ _ _ _ _ _

   _____

2. Pig <u>wants very much</u> to be a fox.

   _____

   _ _ _ _ _ _ _ _ _ _ _ _ _ _ _ _

   _____

3. Mom <u>runs slowly</u> with Pig to the bed.

   _____

   _ _ _ _ _ _ _ _ _ _ _ _ _ _ _ _

   _____

4. Pig <u>moves through the air</u> onto Mom's back.

   _____

   _ _ _ _ _ _ _ _ _ _ _ _ _ _ _ _

   _____

5. Pig wants to get <u>covered with water</u>.

   _____

   _ _ _ _ _ _ _ _ _ _ _ _ _ _ _ _

   _____

16
A Nap for Pig
Bilingual: Reading Grade 1, SV 9781419099670

Una siesta para Cerdito

—Cerdito —dijo Mamá— ven a dormir una siesta.

—No me gustan las siestas —dijo el cerdito—. ¡Me gustaría poder jugar todo el día!

—No puedes jugar todo el día —dijo Mamá.

—Me gustaría ser pájaro. Un pájaro puede irse volando y no tiene que dormir siestas —dijo el cerdito.

—Tú no eres un pájaro —dijo Mamá.

—Me gustaría ser una rana. Una rana se podría mojar y no tendría que dormir siestas —dijo el cerdito.

—Tú no eres una rana —dijo Mamá.

—Me gustaría ser una zorra. Una zorra puede irse corriendo y no tendría que dormir siestas —dijo el cerdito.

—Tú no eres una zorra —dijo Mamá—. A mí me gustaría ser un caballo.

—¿En serio? —preguntó el cerdito.

—Sí, ¡claro! —dijo Mamá—. ¡Un caballo podría llevarte TROTANDO a la cama para que durmieras una siesta.

—Tú puedes ser un caballo —dijo el cerdito—. Tú puedes llevarme trotando a la cama.

—¡Súbete! —dijo Mamá—. ¡El caballo te llevará trotando a la cama!

Nombre _____ Fecha _____

●●●▶ **Lee cada oración. Escoge la palabra o palabras de la Lista de palabras que tengan el mismo significado que las palabras que están subrayadas. Escríbelas en la línea.**

| **Lista de palabras** | salta trota dormir una siesta |
| | mojado quiere |

1. El cerdito no quiere <u>descansar un rato</u>.

   _____

2. El cerdito <u>desea mucho</u> ser una zorra.

   _____

3. Mamá <u>corre lentamente</u> con el cerdito a la cama.

   _____

4. El cerdito <u>se mueve por el aire</u> hasta el lomo de su mamá.

   _____

5. El cerdito quiere estar <u>cubierto con agua</u>.

   _____

Bilingual: Reading Grade 1, SV 9781419099670

The Flying Turtle

One day Eagle said, "Turtle, I will take you flying."

Turtle climbed up on Eagle's back.

"Hold on," said Eagle. "Don't let go!" Up, up they flew.

"I'm flying! I'm flying!" Turtle yelled.

Many of Turtle's friends were down on the beach. "Look at Turtle!" they said.

When Turtle saw his friends, he just didn't think. He did not hold on the way he should have.

"Hello, down there!" he yelled.

"Turtle! Oh, no!" said Eagle.

Down went Turtle into the water. PLOP!

Eagle flew down to the water quickly.

"Are you OK, Turtle?" she asked.

"Yes, Eagle," said Turtle. "But my flying days are over!"

After that day Turtle always says, "Take it from me. What you can do is better than something you can't do!"

Bilingual: Reading Grade 1, SV 9781419099670

Name _____ Date _____

●●◗▶ Choose the word or words that best complete each sentence. Write the word or words on the line.

_____

1. Eagle takes Turtle _____.

   swimming   flying   climbing

_____

2. Eagle tells Turtle to _____.

   hold on   let go   jump down

3. Turtle's friends watch him from the

_____

_____.

   water   sky   beach

_____

4. Turtle does not _____ and falls off.

   swim   think   yell

_____

5. Turtle falls into the _____.

   water   ice   nest

_____

6. Turtle says his flying _____ are over.

   friends   days   back

Bilingual: Reading Grade 1, SV 9781419099670

La tortuga voladora

Un día el águila dijo: —Tortuga, te voy a llevar a volar.

La tortuga se subió en el águila.

—Agárrate —dijo el águila—. No te vayas a soltar.

Más arriba, más arriba volaban ellos.

—¡Estoy volando! ¡Estoy volando! —gritaba la tortuga.

Muchos amigos de la tortuga estaban abajo en la playa.

—¡Miren a la tortuga! —decían ellos.

Cuando la tortuga vio a sus amigos, se emocionó y no pensó. No se agarró como debería de haberse agarrado.

—¡Hola, allá abajo! —les gritó.

—¡Tortuga! ¡Oh, no! —dijo el águila.

La tortuga cayó abajo en el agua. ¡PLOP!

El águila voló rápidamente hacia abajo, hasta el agua.

—¿Estás bien, tortuga? —le preguntó.

—Sí, águila —dijo la tortuga—. ¡Pero ya no voy a volar otra vez!

Después de ese día, la tortuga siempre dice: —Escucha lo que te digo. ¡Es mejor hacer lo que sabes hacer, que hacer algo que no sabes hacer!

Nombre _____ Fecha _____

●●●▶ Escoge la palabra o palabras que completen mejor cada oración. Escríbelas en la línea.

1. El águila lleva a la tortuga a _____.

   nadar   volar   escalar

2. El águila le dice a la tortuga que _____

   _____.

   se agarre   se suelte   salte hacia abajo

3. Los amigos de la tortuga la miran desde _____

   _____.

   el agua   el cielo   la playa

4. La tortuga no _____ y se cae.

   nada   piensa   grita

5. La tortuga cae en el _____.

   agua   hielo   nido

6. La tortuga dice que ya no va a _____

   _____ otra vez.

   tener amigos   volar   saludar

Go to Sleep!

All the birds were tired and wanted to go to sleep. But Little Bird wanted to play.

Grandma Bird went over to Little Bird. "You and I can play Keep Awake."

"Keep Awake? I've never played that," said Little Bird.

Grandma Bird said, "To play Keep Awake, we both have to be up all night. No sleeping at all!"

"This will be fun," said Little Bird. "How do you play?"

"You hum to yourself as I tweet to you. Then when I stop tweeting, you tweet while I hum," she said.

Little Bird started humming, and Grandma Bird started tweeting. She tweeted and tweeted. He hummed and hummed.

Grandma Bird stopped tweeting. "Little Bird," she said, "now you can tweet, and I'll hum."

But Little Bird was fast asleep.

Name _____ Date _____

●●●▶ **Circle the letter next to the best answer.**

I. What do Little Bird and Grandma Bird do?
   A go to sleep
   B play a game
   C read a story

2. Grandma Bird and Little Bird must—
   A eat dinner all night.
   B fly away all night.
   C stay awake all night.

3. The players in the game must—
   A tweet and hum.
   B sing and dance.
   C jump and run.

4. Who tweets first?
   A Little Bird
   B Grandma Bird
   C Little Bird and Grandma Bird

5. What does Little Bird do?
   A stays up all night
   B wins the game
   C falls asleep

Go to Sleep!
Bilingual: Reading Grade 1, SV 9781419099670

¡Vete a dormir!

Todos los pájaros estaban cansados y querían irse a dormir. Pero el pájaro pequeño quería jugar.

La abuelita pájaro fue a donde estaba el pájaro pequeño. —Tú y yo podemos jugar a "Quedarnos despiertos".

—¿"Quedarnos despiertos"? Yo nunca he jugado eso —dijo el pájaro pequeño.

La abuelita pájaro dijo: —Para jugar a "Quedarnos despiertos", los dos nos tenemos que quedar levantados toda la noche. ¡No podemos dormir para nada!

—Esto será divertido —dijo el pájaro pequeño—. ¿Cómo se juega?

—Tú tarareas mientras yo te pío. Luego, cuando yo deje de piar, tú pías y yo tarareo —dijo ella.

El pájaro pequeño empezó a tararear y la abuelita pájaro empezó a piar. Ella pió y pió. Él tareó y tareó.

La abuelita pájaro dejó de piar. —Pájaro pequeño —dijo ella—, ahora tú puedes piar y yo voy a tararear.

Pero el pájaro pequeño estaba profundamente dormido.

www.harcourtschoolsupply.com
© HMH Supplemental Publishers Inc. All rights reserved.

25

¡Vete a dormir!
Bilingual: Reading Grade 1, SV 9781419099670

Nombre _____ Fecha _____

●●●▶ Encierra en un círculo la letra junto a la mejor respuesta.

1. ¿Qué hacen el pájaro pequeño y la abuelita pájaro?
   A Se van a dormir.
   B Juegan un juego.
   C Leen una historia.

2. La abuelita pájaro y el pájaro pequeño deben—
   A comer su cena toda la noche.
   B irse volando toda la noche.
   C quedarse despiertos toda la noche.

3. Los jugadores en el juego deben—
   A piar y tararear.
   B cantar y bailar.
   C brincar y correr.

4. ¿Quién pía primero?
   A el pájaro pequeño
   B la abuelita pájaro
   C el pájaro pequeño y la abuelita pájaro

5. ¿Qué hace el pájaro pequeño?
   A Se queda despierto toda la noche.
   B Gana el juego.
   C Se queda dormido.

¡Vete a dormir!
Bilingual: Reading Grade 1, SV 9781419099670

My Chick

Jill and Pam went swimming. "I can swim on this tube that looks like a chick," said Jill.

"I can swim on a chick, too," said Pam.

Jill and Pam got out of the water to play. "I am digging a hole with this shell," said Jill.

"I see a shell," said Pam. "I will get it."

Pam came back with no shell. "Where's the shell?" asked Jill.

"I pulled and pulled, but I couldn't get it," said Pam.

"Let ME try," said Jill.

They went back to the shell.

Jill pulled on it. "I can't get it," said Jill.

Pam said, "I will dig and you pull."

"Look, Pam!" said Jill. "Here are a lot of shells. What can we do?"

"We can make chicks," said Jill. "Here is my chick."

"Here is my chick, too!" said Pam.

Name _____ Date _____

●●◐▶ **Read each sentence. Choose a word from the Word List that has the same meaning as the underlined words. Write the word on the line.**

| **Word List** | dig | shell | pull |
| | swim | holes | |

1. Pam tries to <u>move</u> the shell.

   _____
   _ _ _ _ _ _ _ _ _ _ _ _ _ _ _
   _____

2. The girls are making <u>openings</u> in the sand.

   _____
   _ _ _ _ _ _ _ _ _ _ _ _ _ _ _
   _____

3. Pam and Jill <u>break up the sand</u> with a shell.

   _____
   _ _ _ _ _ _ _ _ _ _ _ _ _ _ _
   _____

4. They <u>move in the water by using their arms and legs</u>.

   _____
   _ _ _ _ _ _ _ _ _ _ _ _ _ _ _
   _____

5. The girls find a <u>hard outer covering</u>.

   _____
   _ _ _ _ _ _ _ _ _ _ _ _ _ _ _
   _____

My Chick
Bilingual: Reading Grade 1, SV 9781419099670

Mi pollito

Jill y Pam fueron a nadar. —Yo puedo nadar en este flotador que se parece a un pollito —dijo Jill.

—Yo también puedo nadar en un pollito —dijo Pam.

Jill y Pam se salieron del agua para jugar. —Estoy haciendo un hoyo con esta concha —dijo Jill.

—Yo veo una concha —dijo Pam—. Voy a ir por ella.

Pam regresó sin la concha. —¿Dónde está la concha? —preguntó Jill.

—La jalé y la jalé, pero no pude sacarla —dijo Pam.

—Déjame intentarlo YO —dijo Jill.
Fueron hasta donde estaba la concha.
Jill la jaló. —No puedo sacarla —dijo Jill.

—Yo voy a escarbar y tú la jalas —dijo Pam.

—¡Mira, Pam! —dijo Jill—. Aquí hay muchas conchas. ¿Qué podemos hacer con ellas?

—Podemos hacer pollitos —dijo Jill—. Aquí está mi pollito.

—¡Aquí está mi pollito también! —dijo Pam.

Mi pollito
Bilingual: Reading Grade 1, SV 9781419099670

Nombre _____ Fecha _____

●●●▶ **Lee cada oración. Escoge una palabra de la Lista de palabras que tenga el mismo significado que las palabras que están subrayadas. Escríbela en la línea.**

| **Lista de palabras** | escarbar   concha   jalar |
| | nadar   hoyos |

I. Pam trata de <u>agarrar y mover</u> la concha.

_____

- - - - - - - - - - - - - - - -

_____

2. Las niñas están haciendo <u>agujeros</u> en la arena.

_____

- - - - - - - - - - - - - - - -

_____

3. Pam y Jill usan una concha para <u>separar la arena</u>.

_____

- - - - - - - - - - - - - - - -

_____

4. Ellas <u>pueden moverse en el agua usando sus brazos y</u>

- - - - - - - - - - - - - - - -

<u>piernas</u>. _____

5. Las niñas encuentran una <u>cubierta dura</u>.

_____

- - - - - - - - - - - - - - - -

_____

Bilingual: Reading Grade 1, SV 9781419099670

Name _____ Date _____

Not in the Morning

Max and Dan went out to play. "What can we play this morning?" asked Dan.

"Let's play tag," said Max.

"You can play, but not me, not in the morning!" said Dan.

"Let's play Run Away, Fox," said Max.

"You can play, but not me, not in the morning!" said Dan.

"Let's play Green Men," said Max.

"You can play, but not me, not in the morning!" said Dan.

"Let's play Run Up, Run Down," said Max.

"You can play, but not me, not in the morning!" said Dan.

"Where did you go, Dan?" asked Max. "How can we play?"

"Here I am. Can you see me?" asked Dan.

"Not in the morning!" said Max.

Bilingual: Reading Grade 1, SV 9781419099670

Name _____ Date _____

●●◗▶ **Circle the letter next to the best answer.**

I. Who is NOT playing outside?

   A Max

   B fox

   C Dan

2. What game does Max want to play first?

   A tag

   B Green Men

   C Run Up, Run Down

3. Dan says he does not want to play—

   A in the afternoon.

   B in the morning.

   C at night.

4. How many games does Max name that he and Dan can play?

   A two

   B three

   C four

5. What game do you think Dan wants to play?

   A Run Away, Fox

   B hide-and-seek

   C tag

Bilingual: Reading Grade 1, SV 9781419099670

Nombre _____ Fecha _____

En la mañana no

Max y Dan salieron a jugar. —¿A qué podemos jugar esta mañana? —preguntó Dan.

   —Vamos a jugar a "La pega" —dijo Max.

   —Tú puedes jugar, pero yo no. ¡En la mañana no! —dijo Dan.

   —Vamos a jugar a "La zorra que se escapa" —dijo Max.

   —Tú puedes jugar, pero yo no. ¡En la mañana no! —dijo Dan.

   —Vamos a jugar a "Los hombres verdes" —dijo Max.

   —Tú puedes jugar, pero yo no. ¡En la mañana no! —dijo Dan.

   —Vamos a jugar a "Correr para arriba y para abajo" —dijo Max.

   —Tú puedes jugar, pero yo no. ¡En la mañana no! —dijo Dan.

   —¿Adónde te fuiste, Dan? —preguntó Max—. ¿Cómo podemos jugar?

   —Aquí estoy. ¿Me puedes ver? —preguntó Dan.

   —¡En la mañana no! —dijo Max.

Bilingual: Reading Grade 1, SV 9781419099670

Nombre _____ Fecha _____

●●◐▶ **Encierra en un círculo la letra junto a la mejor respuesta.**

1. ¿Quién NO está jugando afuera?

   A Max

   B la zorra

   C Dan

2. ¿A qué quiere jugar primero Max?

   A a "La pega"

   B a "Los hombres verdes"

   C a "Correr para arriba y para abajo"

3. Dan dice que él no quiere jugar—

   A en la tarde.

   B en la mañana.

   C en la noche.

4. ¿Cuántos juegos sugiere Max para que jueguen él y Dan?

   A dos

   B tres

   C cuatro

5. ¿A qué juego crees que quiere jugar Dan?

   A a "La zorra que se escapa"

   B a "Las escondidas"

   C a "La pega"

En la mañana no
Bilingual: Reading Grade 1, SV 9781419099670

Ham and Cheese

"Let's go out for a day," said Cat.

"Yes, let's get out of the house," said Dog.

"What will we bring?" asked Cat.

"What can we dream up?" asked Dog.

"I'll bring cheese," said Cat.

"I don't like cheese," said Dog. "I'll bring ham."

"I don't like ham," said Cat.

"If you'll try the ham, I'll try the cheese," said Dog.

"If you'll try the cheese, I'll try the ham," said Cat.

"We can try the ham and cheese together," said Dog.

So Dog put cheese on the ham. And Cat put ham on the cheese.

"Mmm," said Dog.

"Mmm," said Cat.

"We like cheese AND ham," they said. "We will take both with us. We are all set. Let's go!"

Name _____ Date _____

●●●▶ **Read each sentence. Choose a word or words from the Word List with the same meaning as the underlined words. Write the word or words on the line.**

Word List	cheese	dream up	together
	try	house	

1. Cat and Dog want to get out of the <u>building where</u>

   <u>they live</u> for a while. _____

2. Dog says they can take whatever they can <u>picture in</u>

   <u>their minds</u>. _____

3. Cat will bring <u>a food made from milk</u>.

   _____

4. Cat and Dog will <u>test</u> the foods they don't like.

   _____

5. Dog and Cat will eat ham and cheese <u>with one</u>

   <u>another</u>. _____

Jamón y queso

—Vamos a salir hoy —dijo el gato.

—Sí, vamos a salir de la casa —dijo el perro.

—¿Qué llevamos? —preguntó el gato.

—A ver, ¿qué se nos antoja? —preguntó
el perro.

—Voy a llevar queso —dijo el gato.

—A mí no me gusta el queso —dijo el
perro—. Voy a llevar jamón.

—A mí no me gusta el jamón —dijo el gato.

—Si tú pruebas el jamón, yo pruebo el queso
—dijo el perro.

—Si tú pruebas el queso, yo pruebo el jamón
—dijo el gato.

—Podemos probar el jamón y el queso al
mismo tiempo —dijo el perro.

Así que el perro puso queso en el jamón.
Y el gato puso jamón en el queso.

—Mmm —dijo el perro.

—Mmm —dijo el gato.

—Nos gusta el queso Y el jamón —dijeron.

Llevaremos de los dos con nosotros. Ya
estamos listos. ¡Vámonos!

Nombre _____ Fecha _____

●●●▶ Lee cada oración. Escoge la palabra o palabras de la Lista de palabras que tengan el mismo significado que las palabras que están subrayadas. Escríbelas en la línea.

| **Lista de palabras** | queso | se les antoje | al mismo tiempo |
| | probar | de la casa | |

1. El gato y el perro querían salir un rato <u>del lugar donde</u>

   _____

   <u>vivían</u>. _____

2. El perro dice que pueden llevar cualquier cosa que

   _____

   <u>consideren como probable</u>. _____

3. El gato llevará <u>una comida hecha de leche</u>.

   _____

   _____

4. El gato y el perro van a <u>hacer la prueba con</u> los alimentos

   _____

   que no les gustan. _____

5. El perro y el gato comerán jamón y queso <u>juntos</u>.

   _____

   _____

Jamón y queso
Bilingual: Reading Grade 1, SV 9781419099670

Name _____ Date _____

A Red Boat

Rick and Jill stopped to look at little boats in the water.

"Look at all the boats," said Rick sadly. "I want a boat, too!"

"If you would like a boat, we can make one," said Jill.

"But how?" asked Rick.

"I'll tell you when we get back to the house," said Jill. "Come on."

"This box will be our boat," said Jill after they were home.

"How can that be a boat?" said Rick.

"Like this," said Jill. "What kind of boat do you want?" asked Jill.

"I want a red boat," said Rick.

"Then we will make a red boat," said Jill. She cut the box open so they could make the boat.

Jill and Rick went back with their finished boat and put it in the water. A girl and her friends said, "What a good boat!"

"Thanks!" said Jill and Rick.

A Red Boat
Bilingual: Reading Grade 1, SV 9781419099670

Name _____ Date _____

●●●▶ Circle the letter next to the best answer.

1. What kind of boats do Jill and Rick see in the water?
   A little
   B big
   C red

2. Why is Rick sad?
   A He wants to go home.
   B He wants a boat.
   C Jill is being mean to him.

3. What does Jill use to make a boat?
   A another boat
   B a house
   C a box

4. What color does Jill paint the boat?
   A red
   B blue
   C yellow

5. Where do Jill and Rick take their boat?
   A to their house
   B to a friend's home
   C to the water

A Red Boat
Bilingual: Reading Grade 1, SV 9781419099670

Nombre _____ Fecha _____

Un barco rojo

Rick y Jill se detuvieron para ver los pequeños barcos en el agua.

—Mira todos los barcos —dijo Rick tristemente—. ¡Yo también quiero un barco!

—Si quieres un barco, nosotros podemos hacer uno —dijo Jill.

—Pero, ¿cómo? —preguntó Rick.

—Te diré cuando regresemos a casa —dijo Jill—. Vente.

—Esta caja será nuestro barco —dijo Jill después de que llegaron a casa.

—¿Cómo puede eso ser un barco? —dijo Rick.

—Así, —dijo Jill—. ¿Qué tipo de barco quieres? —le preguntó.

—Quiero un barco rojo —dijo Rick.

—Entonces haremos un barco rojo —dijo Jill. Ella cortó la caja para que pudieran hacer el barco.

Jill y Rick regresaron cuando terminaron su barco y lo pusieron en el agua.

—¡Ese es un gran barco! —dijeron una niña y sus amigas.

—¡Gracias! —dijeron Jill y Rick.

●●●▶ **Encierra en un círculo la letra junto a la mejor respuesta.**

1. ¿Qué tipo de barcos ven Jill y Rick en el agua?

   A pequeños

   B grandes

   C rojos

2. ¿Por qué está triste Rick?

   A Él quiere irse a su casa.

   B Él quiere un barco.

   C Jill se está portando mal con él.

3. ¿Qué usa Jill para hacer el barco?

   A otro barco

   B una casa

   C una caja

4. ¿De qué color pinta Jill el barco?

   A rojo

   B azul

   C amarillo

5. ¿A dónde llevan Jill y Rick su barco?

   A a su casa

   B a la casa de un amigo

   C al agua

Bilingual: Reading Grade 1, SV 9781419099670

Toot the Tugboat

Toot the Tugboat had been pulling big ships up the river for a long, long time. But now Toot was just too old. Toot was sad, but he also knew that he couldn't pull ships anymore. Many people came to see Toot one last time.

A man was out near the docks. Seeing the line of people made him think of a way to save Toot. "Look at how many people are lining up to see Toot one last time. Don't you think people would line up to see him every day?" asked the man.

"Yes," said a woman. "I think people would come to see a real tugboat."

"I like it!" said the man who ran Toot. "Toot could stay here, and people could come to see him."

"Toot the Tugboat is saved! We love you, Toot the Tugboat!" yelled the people.

"Toot the Tugboat loves you, too," said Toot.

43

Name _____ Date _____

●●●▶ **Choose the word that best completes each sentence. Write the word on the line.**

1. Toot the Tugboat had pulled _____.

    docks   ships   rivers

2. Many _____ lined up to see Toot.

    people   tugboats   cars

3. A man near the docks thought of a way to

    _____ Toot.

    pull   save   run

4. The man who ran Toot was happy that Toot could

    _____ there.

    stay   play   see

5. The people _____ Toot the Tugboat.

    found   missed   loved

6. Toot had many _____.

    rivers   friends   times

Toot the Tugboat
Bilingual: Reading Grade 1, SV 9781419099670

Toot, el barco remolcador

Toot, el barco remolcador, había jalado barcos muy grandes por el río durante mucho, mucho tiempo. Pero ahora, Toot estaba muy viejo. Toot estaba triste, pero él sabía que ya no podía jalar los barcos. Mucha gente vino a ver a Toot por última vez.

Un hombre estaba afuera cerca de los muelles. Al ver la fila de personas, se le ocurrió una idea para salvar a Toot. —Mira cuántas personas están formadas para ver a Toot por última vez. ¿No crees que la gente se formaría para verlo todos los días? —preguntó el hombre.

—Sí —dijo una mujer—. Yo creo que la gente vendría a ver un remolcador de verdad.

—¡A mí me gusta eso! —dijo el hombre que manejaba a Toot—. Toot se podría quedar aquí, y la gente podría venir a verlo.

—¡Toot el remolcador está a salvo! Nosotros te queremos, Toot! —gritaba la gente.

—Toot, el barco remolcador, los quiere a ustedes también —dijo Toot.

Toot, el barco remolcador
Bilingual: Reading Grade 1, SV 9781419099670

Nombre _____ Fecha _____

●●●▶ **Escoge la palabra que complete mejor cada oración. Escríbela en la línea.**

1. Toot, el barco remolcador, ha jalado

_____

– – – – – – – – – – – – – – – –

_____.

　　muelles　　barcos　　ríos

2. Mucha _____ se formó para ver a Toot.

　　gente　　remolcadores　　carros

3. Un hombre que estaba cerca de los muelles tuvo una idea

_____

– – – – – – – – – – – – – – – –

para _____ a Toot.

　　jalar　　salvar　　correr

4. El hombre que manejaba a Toot estaba feliz de que Toot

_____

– – – – – – – – – – – – – – – –

pudiera _____ ahí.

　　quedarse　　jugar　　ver

5. La gente _____ a Toot, el remolcador.

　　encontraba　　extrañaba　　quería

6. Toot tenía muchos _____.

　　ríos　　amigos　　tiempos

Marco's Day

While we were eating dinner, I began telling Mom and Dad about my day. "The paper said good morning to me," I began. "At school, I saw a bug with a hat on."

"Oh," said my mom.

"That's nice," said my dad.

"Then I saw a shell tree on my way home," I said.

Mom and Dad just smiled.

Just then the paper began to talk. "Hello, Marco! How are you?" it said.

"I'm fine," I said, smiling.

Then a bug with a hat on climbed up Dad's sleeve. "That bug has a hat on!" yelled Dad.

"Yes, I know," I said.

Next a shell tree walked in and gave us each a shell.

"Now I believe you," said my mom.

"Me, too!" said my dad.

"At last!" I laughed. "What a silly day this has been!"

Name _____ Date _____

●●●▶ **Read each sentence. Choose a word from the Word List that has the same meaning as the underlined words. Write the word on the line.**

Word List

yell   dinner   climbs

laughs   sleeve

I. The bug is on the <u>cloth that covers part of the arm</u>.

_____

_____

2. Marco <u>makes sounds that show happiness</u> when he tells his mom and dad about his day.

_____

_____

3. Dad does <u>cry out</u> when he sees the bug.

_____

_____

4. The family is eating its <u>main meal of the day</u>.

_____

_____

5. The bug <u>moves up using its legs</u> on Dad.

_____

_____

     Bilingual: Reading Grade 1, SV 9781419099670

El día de Marco

Mientras estábamos cenando, empecé a
contarles acerca de mi día a mi mamá y a mi
papá. El periódico me dijo: "Buenos días"
—empecé a decirles. En la escuela, vi a un
bicho que tenía puesto un sombrero.

—Oh —dijo mi mamá.

—Qué bien —dijo mi papá.

—Luego vi un árbol de conchas cuando
venía a casa —les dije.

Mamá y Papá sólo sonrieron.

En ese momento el periódico empezó a hablar:
—¡Hola Marco! ¿Cómo estás? —dijo.

—Estoy bien —le dije sonriendo.

Luego, un insecto que tenía un sombrero
puesto, se le trepó por la manga a Papá. —¡Ese
insecto tiene puesto un sombrero! —gritó Papá.

—Sí, ya sé —le dije.

—Enseguida un árbol de conchas entró y nos
dio a cada uno una concha.

—Ahora te creo —dijo mi mamá.

—¡Yo también! —dijo mi papá.

—¡Por fin! —dije riéndome—. ¡Éste ha sido un
día muy extraño!

Nombre _____ Fecha _____

●●○ Lee cada oración. Escoge la palabra o palabras de la Lista de palabras que tengan el mismo significado que las palabras que están subrayadas. Escríbelas en la línea.

Lista de palabras	grita	cena	se le trepa
	se ríe	manga	

1. El insecto está en la <u>tela que cubre parte del brazo</u>.

   _____

   - - - - - - - - - - - - - - -

2. Marco <u>hace sonidos que demuestran felicidad</u> cuando les cuenta a su mamá y a su papá acerca de su día.

   _____

   - - - - - - - - - - - - - - -

3. El papá <u>levanta mucho la voz</u> cuando ve al insecto.

   _____

   - - - - - - - - - - - - - - -

4. La familia está comiendo la <u>comida principal del día</u>.

   _____

   - - - - - - - - - - - - - - -

5. El insecto <u>sube usando sus patas</u> a papá.

   _____

   - - - - - - - - - - - - - - -

Bilingual: Reading Grade 1, SV 9781419099670

The Boat Ride

Fran and Dot are friends. They looked down from the top tree branch.

"I see boats," said Fran. "I see a blue boat, and I see a green boat. We can go for boat rides."

"Let's go, Fran!" said Dot.

They jumped down from the branch.

"The boats are big," said Fran. "I can't lift the blue boat."

"I can't lift the green boat," said Dot.

"Can we both lift the blue boat?" said Fran.

"Yes, we can!" said Dot.

"Now we will both lift the green boat," said Fran.

"We did it!" said Dot.

"You have the green boat. Get in!" said Fran.

"You have the blue boat. Get in!" said Dot.

Fran and Dot climbed into the boats. Then the happy friends went for a ride.

Name _____ Date _____

••●▶ Circle the letter next to the best answer.

I. How many boats does Fran see?
   A one
   B two
   C three

2. Where do Fran and Dot jump?
   A from the boats
   B from the branch
   C from the water

3. Which boat did Fran and Dot lift first?
   A the blue boat
   B the green boat
   C the red boat

4. Which boat did Fran have?
   A the yellow boat
   B the green boat
   C the blue boat

5. Where did the friends go?
   A for a boat ride
   B for a swim
   C for a plane ride

The Boat Ride
Bilingual: Reading Grade 1, SV 9781419099670

El paseo en velero

Fran y Dot son amigos. Ellos estaban
en la rama más alta de un árbol y miraban
hacia abajo.

—Veo veleros —dijo Fran—. Veo un
velero azul, y veo un velero verde.
Podemos ir a dar un paseo en velero.

—¡Vamos, Fran! —dijo Dot.

Ellos saltaron de la rama.

—Los veleros son grandes —dijo Fran—.
No puedo levantar el velero azul.

—Yo no puedo levantar el velero verde
—dijo Dot.

—¿Podemos levantar el velero azul entre
los dos? —dijo Fran.

—¡Sí, sí podemos! —dijo Dot.

Ahora levantaremos el velero verde entre
los dos —dijo Fran.

—¡Lo logramos! —dijo Dot.

—Tú tienes el velero verde. ¡Súbete!
—dijo Fran.

—Tú tienes el velero azul. ¡Súbete!
—dijo Dot.

Fran y Dot se treparon a los veleros.
Entonces los felices amigos se fueron a
dar un paseo.

Nombre _____ Fecha _____

●●◐▶ **Encierra en un círculo la letra junto a la mejor respuesta.**

1. ¿Cuántos veleros ve Fran?

   A uno

   B dos

   C tres,

2. ¿De dónde saltan Fran y Dot?

   A de los veleros

   B de la rama

   C del agua

3. ¿Cuál velero levantan primero Fran y Dot?

   A el velero azul

   B el velero verde

   C el velero rojo

4. ¿Qué velero tiene Fran?

   A el velero amarillo

   B el velero verde

   C el velero azul

5. ¿Adónde van los amigos?

   A a pasear en un velero

   B a nadar

   C a pasear en un avión

Bilingual: Reading Grade 1, SV 9781419099670

Name _____ Date _____

Far Away Places

Let's have some fun. Close your eyes. Think about a place you want to visit. Let's go!

Maybe you want to visit a place that is cold. You could play in the snow and have fun on the ice. You might want to go for a long ride.

Maybe you want to go to a place that is hot. You might find sand. But you might not find water.

Some big animals live in some hot lands. Would you like to ride on one of them?

Some places get a lot of rain. Do you wish to go to a place like that? You could see very big trees and many animals.

Maybe you want to go very, very far away. You might want to visit space and see a star up close. Maybe someday you will!

Name _____ Date _____

••●▶ Read each sentence. Choose a word from the Word List that has the same meaning as the underlined words. Write the word on the line.

Word List	sand	stars	fun
	rain	visit	

1. We can have <u>enjoyment</u> thinking about places to go.

   _____

   _ _ _ _ _ _ _ _ _ _ _ _ _ _ _ _ _

   _____

2. Think of places you want to <u>go to see</u>.

   _____

   _ _ _ _ _ _ _ _ _ _ _ _ _ _ _ _ _

   _____

3. You may walk on <u>tiny crushed rocks</u> in some hot places.

   _____

   _ _ _ _ _ _ _ _ _ _ _ _ _ _ _ _ _

   _____

4. Trees need <u>water that falls in drops from the clouds</u>.

   _____

   _ _ _ _ _ _ _ _ _ _ _ _ _ _ _ _ _

   _____

5. There are many <u>bodies in the sky that shine</u> in space.

   _____

   _ _ _ _ _ _ _ _ _ _ _ _ _ _ _ _ _

   _____

Lugares lejanos

Vamos a divertirnos un poco. Cierra tus ojos. Piensa en un lugar que te gustaría visitar. ¡Vámonos!

Tal vez te gustaría visitar un lugar donde haga frío. Tú podrías jugar en la nieve y divertirte en el hielo. A lo mejor quisieras dar un largo paseo.

Tal vez te gustaría ir a un lugar donde haga calor. Podrías encontrar arena. Pero a lo mejor no encontrarías agua.

Algunos animales grandes viven en lugares muy calientes. ¿Te gustaría subirte en uno de ellos?

En algunos lugares llueve mucho. ¿Te gustaría ir a un lugar así? Podrías ver árboles muy grandes y muchos animales.

Tal vez te gustaría ir muy, muy lejos. A lo mejor te gustaría ir al espacio y ver una estrella de cerca. ¡Tal vez algún día lo harás!

Nombre _____ Fecha _____

●●●▶ **Lee cada oración. Escoge la palabra o palabras de la Lista de palabras que tengan el mismo significado que las palabras que están subrayadas. Escríbelas en la línea.**

| **Lista de palabras** | la arena | estrellas | divertirnos |
| | lluvia | visitar | |

1. Podemos <u>entretenernos</u> pensando en lugares que visitar.
   _____
   _ _ _ _ _ _ _ _ _ _ _ _ _ _ _
   _____

2. Piensa en lugares que te gustaría <u>ir a ver</u>.
   _____
   _ _ _ _ _ _ _ _ _ _ _ _ _ _ _
   _____

3. Tú podrías caminar sobre <u>rocas hechas polvo</u> en algunos
   _____
   _ _ _ _ _ _ _ _ _ _ _ _ _ _ _
   lugares calientes. _____

4. Los árboles necesitan <u>agua que cae en gotas desde</u>
   _____
   _ _ _ _ _ _ _ _ _ _ _ _ _ _ _
   <u>las nubes.</u> _____

5. Hay <u>objetos en el cielo que brillan</u> en el espacio.
   _____
   _ _ _ _ _ _ _ _ _ _ _ _ _ _ _
   _____

Just in Time

House Mouse came out of his house. He saw Garden Mouse in the garden.

"Come and play!" said Garden Mouse.

House Mouse said, "It's fun in the garden. It's fun to have a friend, too."

"Look at all that we can eat," said Garden Mouse.

House Mouse was about to eat. But he stopped just in time. House Mouse saw a cat.

"A cat is here!" he said. "Come with me!"

House Mouse and Garden Mouse ran back to the house. The cat ran to the house.

House Mouse jumped through a window and down. Garden Mouse jumped through a window and down. The cat jumped through a window and down, too.

House Mouse and Garden Mouse ran into the mouse hole, just in time!

"I'm happy to have a friend and have fun," said House Mouse. "But next time, we could have all the fun in here."

Name _____ Date _____

●●●▶ Choose the word that best completes each sentence. Write the word on the line.

1. House Mouse and Garden Mouse are

_____

– – – – – – – – – – – – – – – – – – – –

_____ .

    cats   friends   enemies

2. House Mouse and Garden Mouse

_____

– – – – – – – – – – – – – – – – – – – –

_____ in the garden.

    play   sleep   plant

3. House Mouse _____ a cat.

    eats   sees   jumps

4. House Mouse and Garden Mouse run into the mouse

_____

– – – – – – – – – – – – – – – – – – – –

_____ .

    garden   fence   hole

5. The cat _____ through a window.

    jumps   walks   stops

6. Next time House Mouse wants to play in the

_____

– – – – – – – – – – – – – – – – – – – –

_____ .

    garden   house   window

Just in Time
Bilingual: Reading Grade 1, SV 9781419099670

Nombre _____ Fecha _____

Justo a tiempo

El ratón que vivía en la casa salió de su agujero. Él vio que el ratón que vivía en el jardín estaba afuera.

—¡Ven a jugar! —le dijo el ratón del jardín.

—Es divertido estar en el jardín. También es divertido tener un amigo —dijo el ratón de la casa.

—Mira todo lo que podemos comer —dijo el ratón del jardín.

El ratón de la casa iba a empezar a comer, pero se detuvo justo a tiempo. Él vio un gato.

—¡Hay un gato aquí! —dijo—. ¡Ven conmigo!

El ratón de la casa y el ratón del jardín regresaron corriendo a la casa. El gato corrió a la casa.

El ratón de la casa brincó a través de la ventana y para abajo. El ratón del jardín brincó a través de la ventana y hacia abajo. El gato brincó a través de la ventana y hacia abajo también.

El ratón de la casa y el ratón del jardín entraron por el agujero del ratón ¡justo a tiempo!

—Me siento feliz de tener un amigo y divertirme —dijo el ratón de la casa—. Pero la próxima vez mejor nos divertimos aquí adentro.

Nombre _____ Fecha _____

●●●▶ **Escoge la palabra o palabras que completen mejor cada oración. Escríbelas en la línea.**

I. El ratón de la casa y el ratón del jardín son

_____

- -

_____.

gatos   amigos   enemigos

2. El ratón de la casa y el ratón del jardín

_____

- -

_____ en el jardín.

juegan   duermen   plantan

3. El ratón de la casa _____ un gato.

come   ve   brinca

4. El ratón de la casa y el ratón del jardín corren

_____

- -

_____ del ratón.

al jardín   a la cerca   al agujero

5. El gato _____ a través de la ventana.

brinca   camina   se detiene

6. La próxima vez, el ratón de la casa quiere jugar en

_____

- -

_____.

el jardín   la casa   la ventana

Bilingual: Reading Grade 1, SV 9781419099670

Baby Cakes

"Why are you sad?" Mother says.

"Alex can't come out to play," I tell her. "His mother wants him to play with the baby. Now what can I do?" I say to Mother.

"What can you and I do that is fun?" she says. Mother sits down and thinks with me.

"I think I know what you and I can do," Mother says. "We know how to make a cake. Let's make little cakes for Alex and the baby."

"Yes, let's do that!" I say. "Let's make baby cakes. Alex and the baby will like them."

Mother and I go to see Alex. We have little cakes for my best friend and for the baby.

Alex and the baby like the little cakes. Now everybody is happy!

Name _____ Date _____

●●●▶ Circle the letter next to the best answer.

1. Why is the boy sad?

   A His friend is sick.

   B His friend is making cakes.

   C His friend cannot play.

2. What does Alex's mother want him to do?

   A play with the baby

   B clean his room

   C make a cake

3. Who has the idea to make cakes?

   A the baby

   B Mother

   C Alex

4. Where do the boy and his mother go?

   A to see a movie

   B to see Alex

   C to the store

5. How does the boy feel at the end of story?

   A sick

   B sad

   C happy

Baby Cakes
Bilingual: Reading Grade 1, SV 9781419099670

Pastelitos

—¿Por qué estás triste? —preguntó Mamá.

—Alex no puede salir a jugar —le contesté—. Su mamá quiere que juegue con el bebé. Y ahora, ¿qué puedo hacer yo? —le digo a Mamá.

—¿Qué podemos hacer tú y yo que sea divertido? —dijo ella.

Mamá se sentó junto a mí y nos pusimos a pensar.

—Creo que ya sé lo que podemos hacer tú y yo —dijo Mamá—. Nosotros sabemos hacer pasteles. Vamos a hacer pequeños pasteles para Alex y el bebé.

—¡Sí, hagamos eso! —le dije—. Vamos a hacer pastelitos. Les van a gustar a Alex y al bebé.

Mamá y yo vamos a ver a Alex. Llevamos pastelitos para mi mejor amigo y para el bebé.

A Alex y al bebé les gustaron los pastelitos. ¡Ahora todos estamos contentos!

●●● ▶ **Encierra en un círculo la letra junto a la mejor respuesta.**

1. ¿Por qué está triste el niño?

   A Su amigo está enfermo.

   B Su amigo está haciendo pasteles.

   C Su amigo no puede jugar.

2. ¿Qué quiere la mamá de Alex que haga él?

   A que juegue con el bebé

   B que limpie su cuarto

   C que haga un pastel

3. ¿A quién se le ocurre la idea de hacer pasteles?

   A al bebé

   B a Mamá

   C a Alex

4. ¿Adónde van el niño y su mamá?

   A a ver una película

   B a ver a Alex

   C a la tienda

5. ¿Cómo se siente el niño al final de la historia?

   A enfermo

   B triste

   C contento

Best Friends

One day, Rick sat at the table. "Why are you sad?" asked Chen.

"My mom and dad said we are going to get a big house," said Rick.

"Why did they say that?" asked Chen. "Don't they like your house?"

"Our house is not big," said Rick. "With the baby, we will not all fit in our house."

"Where will you go?" asked Chen.

"We will go to a house that is bigger than our house is," said Rick.

The best friends got up. "I will not see you," said Chen. "I'm sad."

Rick said, "I'm sad, too. But you can come and play for a day. We can make new friends. And MY friends are YOUR friends. Then we will have lots of friends!"

"Now I'm not sad," said Chen. "I'm glad. We are best friends, Rick!"

"You bet we are!" said Rick.

Name _____ Date _____

●●●▶ **Read each sentence. Choose a word from the Word List that has the same meaning as the underlined words. Write the word on the line.**

Word List	glad	table	too
	baby	big	

1. The two boys are sitting at a <u>piece of furniture that has a flat top with legs under it</u>.

   _____

   _ _ _ _ _ _ _ _ _ _ _ _ _ _ _

   _____

2. Rick's family has a <u>very young child</u>.

   _____

   _ _ _ _ _ _ _ _ _ _ _ _ _ _ _

   _____

3. Rick is moving to a house that is <u>large in size</u>.

   _____

   _ _ _ _ _ _ _ _ _ _ _ _ _ _ _

   _____

4. When Rick is sad, Chen is sad <u>also</u>.

   _____

   _ _ _ _ _ _ _ _ _ _ _ _ _ _ _

   _____

5. Rick and Chen are <u>happy</u> that they are best friends.

   _____

   _ _ _ _ _ _ _ _ _ _ _ _ _ _ _

   _____

Bilingual: Reading Grade 1, SV 9781419099670

Los mejores amigos

Un día Rick se sentó a la mesa. —¿Por qué estás triste? —le preguntó Chen.

Mi mamá y mi papá dicen que nos vamos a cambiar a una casa más grande —dijo Rick.

—¿Por qué dicen eso? —preguntó Chen—. ¿No les gusta tu casa?

—Nuestra casa no es grande —dijo Rick—. Con el nuevo bebé no vamos a caber todos en nuestra casa.

—¿A dónde se irán? —preguntó Chen.

—Nos vamos a ir a otra casa que es más grande que nuestra casa —dijo Rick.

Los mejores amigos se levantaron. —Ya no te veré —dijo Chen—. Estoy triste.

—Yo también estoy triste —dijo Rick—. Pero puedes venir un día a jugar. Podemos conocer amigos nuevos. Y MIS amigos son TUS amigos. ¡Entonces vamos a tener muchos amigos!

—Ahora ya no estoy triste —dijo Chen—. Estoy contento. ¡Somos mejores amigos, Rick!

—¡Por supuesto! —dijo Rick.

Nombre _____ Fecha _____

●●●▶ Lee cada oración. Escoge la palabra o palabras de la Lista de palabras que tengan el mismo significado que las palabras que están subrayadas. Escríbelas en la línea.

Lista de palabras	contentos	a la mesa	también
	bebé	grande	

1. Los dos niños están sentados <u>al mueble que tiene una superficie plana y por abajo tiene patas</u>.

_____
- - - - - - - - - - - - - - - - - - -

2. La familia de Rick tiene un <u>niño muy pequeño</u>.

_____
- - - - - - - - - - - - - - - - - - -

3. Rick se va a cambiar a una casa que es más <u>amplia</u>.

_____
- - - - - - - - - - - - - - - - - - -

4. Cuando Rick está triste, Chen está triste <u>igualmente</u>.

_____
- - - - - - - - - - - - - - - - - - -

5. Rick y Chen están <u>alegres</u> de ser mejores amigos.

_____
- - - - - - - - - - - - - - - - - - -

Los mejores amigos
Bilingual: Reading Grade 1, SV 9781419099670

Cap Gets a Garden

"Cap and I went for a walk," Pat said. "We saw some gardens. I think Cap likes gardens. Could we have a garden?"

"Cap likes gardens?" asked Dad. "Cap is a dog. What makes you think Cap wants a garden?"

"Let's go out," Pat said. "You will see. Cap likes gardens." Cap looked happy.

Dad and Pat went out of the house. Cap went, too. "We could plant a garden here," Pat said. "Cap can help."

Dad just looked at Pat. Then Cap began to dig. "Now I see!" said Dad. "Cap does want a garden!" Then Dad and Pat began to help Cap dig.

What do you think they did the next day? They planted a garden of their own.

"Do you like this garden?" Pat asked Cap. She thinks he does!

Bilingual: Reading Grade 1, SV 9781419099670

Name _____ Date _____

•••▶ Circle the letter next to the best answer.

1. Who went for a walk?
   A Cap and Dad
   B Cap and Pat
   C Pat and Dad

2. What did Pat and Cap see?
   A dogs
   B gardens
   C stores

3. What does Pat want to do?
   A take Dad for a walk
   B cut some flowers
   C plant a garden

4. How does Cap show that he wants a garden?
   A He begins to dig.
   B He barks at Dad.
   C He lies down.

5. Where do Pat, Dad, and Cap plant their garden?
   A at the park
   B inside the house
   C outside the house

Cap Gets a Garden
Bilingual: Reading Grade 1, SV 9781419099670

Un jardín para Pelusa

—Pelusa y yo fuimos a caminar —dijo Pat—. Vimos algunos jardines. Creo que a Pelusa le gustan los jardines. ¿Podemos tener nosotros un jardín?

¿A Pelusa le gustan los jardines? —preguntó Papá—. Pelusa es un perro. ¿Por qué crees que quiere un jardín?

—Vamos afuera —dijo Pat—. Ya te darás cuenta de que a Pelusa le gustan los jardines.

Pelusa estaba contenta. Papá y Pat salieron de la casa. Pelusa fue también.

—Podemos plantar algo aquí —dijo Pat—. Pelusa puede ayudar.

Papá sólo se quedó viendo a Pat. En ese momento, Pelusa comenzó a escarbar.

—¡Ahora me doy cuenta! —dijo papá—. ¡Pelusa realmente quiere un jardín!

Entonces papá y Pat empezaron a ayudar a Pelusa a escarbar.

Al día siguiente, ¿qué crees que hicieron? Pusieron plantas en su jardín.

—¿Te gusta este jardín? —le preguntó Pat a Pelusa.

¡Ella piensa que sí le gusta!

●●●▶ **Encierra en un círculo la letra junto a la mejor respuesta.**

1. ¿Quién fue a caminar?

   A Pelusa y Papá

   B Pelusa y Pat

   C Pat y Papá

2. ¿Qué vieron Pat y Pelusa?

   A perros

   B jardines

   C tiendas

3. ¿Qué quiere hacer Pat?

   A ir a caminar

   B cortar algunas flores

   C plantar en el jardín

4. ¿Qué hace Pelusa para enseñarles que quiere un jardín?

   A Empieza a escarbar.

   B Le ladra a Papá.

   C Se echa en el suelo.

5. ¿Dónde ponen sus plantas Pat, Papá y Pelusa?

   A en el parque

   B dentro de la casa

   C afuera de la casa

What Frog Needed

A frog woke up one morning. He looked up and then down. Worms and a fly were in the frog's dish. In the frog's box were water and some rocks to sit on, too. The frog could see other animals in the pet shop.

The frog saw a man at the front of the pet shop who came to work every morning. He began to look after the animals.

The man opened the box the frog lived in to put in more food. Just then a mother and a boy came into the pet shop. They wanted to look at one of the mice.

The man stopped what he was doing and got out the mouse. The mouse was the one the boy said he needed.

That's when the frog saw what it needed and it wasn't food and it wasn't water. This frog wanted to go outdoors.

The frog hopped out of the box and into the outdoors. That was what the frog needed!

Name _____ Date _____

●●●▶ Choose the word that best completes each sentence. Write the word on the line.

1. The main character of the story is a

_____

_____.

           worm   fly   frog

2. The frog lives in a _____.

           house   box   rock

3. A _____ takes care of the animals.

    man   mother   boy

4. A mother and a boy want to see a

_____

_____.

      frog   mouse   box

5. The frog _____ outdoors.

        runs   flies   hops

6. The story takes place in the

_____

_____.

      morning   outdoors   water

What Frog Needed
Bilingual: Reading Grade 1, SV 9781419099670

Lo que quería la rana

Una rana despertó un día y miró para arriba y luego para abajo. Había gusanos y una mosca en el plato de la rana. En la caja de la rana habían también agua y unas piedras para sentarse. La rana podía ver a otros animales en la tienda de mascotas.

La rana veía también en la parte de enfrente de la tienda, a un hombre que venía a trabajar todas las mañanas. Él empezó a atender a los animales.

El hombre abrió la caja de la rana para ponerle más comida. En ese momento, una mamá y su hijo entraron a la tienda de mascotas. Ellos querían ver uno de los ratones.

El hombre dejó de hacer lo que estaba haciendo y sacó el ratón. El ratón era el que el niño quería.

Fue entonces cuando la rana vio lo que quería, y no era comida ni tampoco agua. Esta rana quería ir afuera.

La rana saltó fuera de la caja y se fue afuera. ¡Eso era lo que la rana quería!

Nombre _____ Fecha _____

●●●▶ Escoge la palabra o palabras que completen mejor cada oración. Escríbelas en la línea.

I. El personaje principal de la historia es
_____
- -
_____.

    un gusano   una mosca   una rana

2. La rana vive en una _____.

    casa   caja   roca

3. _____ atiende a los animales.

    Un hombre   Una mamá   Un niño

4. Una mamá y su hijo quieren ver
_____
- -
_____.

    una rana   un ratón   una caja

5. La rana _____ afuera.

    corre   vuela   salta

6. La historia tiene lugar
_____
- -
_____.

    en la mañana   afuera   en el agua

Name _____ Date _____

Can You Find My Dog?

The sun came up. The big dog Toby climbed up on the bed. Toby went off the bed and out the window.

Cam went to find Toby. "I do not see my dog," said Cam.

Was Toby in the doghouse? Cam went to the doghouse. Toby was not in the doghouse. "I cannot find my dog," said Cam.

Was Toby in the barn? Cam went to the barn. Toby was not in the barn. "I cannot find my dog," said Cam.

Was Toby on the big hill? Cam climbed up. Toby was not on top. "I cannot find my dog," said Cam.

Cam did not see Toby. "I cannot find my dog," said Cam.

Cam went back. Toby was on the bed. "I did find my dog," said Cam.

Bilingual: Reading Grade 1, SV 9781419099670

Name _____ Date _____

●●● ▶ **Read each sentence. Choose a word from the Word List that has the same meaning as the underlined words. Write the word on the line.**

Word List

| top | barn | sun |
| bed | window | |

I. The <u>star that gives light and heat</u> comes up in the

_____

morning. _____

2. Toby went out the <u>opening in a wall</u>.

_____

_____

3. Cam looked for Toby in the <u>building that is used to keep</u>

<u>cows and horses</u>. _____

4. Toby was not on the <u>highest part</u> of the hill.

_____

_____

5. Cam found Toby on her <u>place where she sleeps</u>.

_____

_____

     Bilingual: Reading Grade 1, SV 9781419099670

Nombre _____ Fecha _____

¿Puedes encontrar a mi perro?

El sol salió. Toby, el enorme perro, saltó a la cama. Luego se bajó de la cama y salió por la ventana.

Cam fue a buscar a Toby. —No veo a mi perro —dijo Cam.

¿Estaba Toby en su casa? Cam fue a la casita del perro. Toby no estaba en su casa. —No puedo encontrar a mi perro —dijo Cam.

¿Estaba Toby en el establo? Cam fue al establo. Toby no estaba en el establo. —No puedo encontrar a mi perro —dijo Cam.

¿Estaba Toby en la loma? Cam subió a la loma. Toby no estaba en la cima de la loma. —No puedo encontrar a mi perro —dijo Cam.

Cam no veía a Toby. —No puedo encontrar a mi perro —dijo Cam.

Cam regresó a casa. Toby estaba en la cama. —Ya encontré a mi perro —dijo Cam.

Bilingual: Reading Grade 1, SV 9781419099670

Nombre _____ Fecha _____

●●●▶ Lee cada oración. Escoge una palabra de la Lista de palabras que tenga el mismo significado que las palabras que están subrayadas. Escríbela en la línea.

Lista de palabras

cima	establo	sol
cama	ventana	

I. El <u>astro que da luz y calor</u> sale en las mañanas.

_____

_ _ _ _ _ _ _ _ _ _ _ _ _ _

2. Toby salió por la <u>abertura en la pared</u>.

_____

_ _ _ _ _ _ _ _ _ _ _ _ _ _

3. Cam buscó a Toby en el <u>lugar que se usa para tener</u>

_____

_ _ _ _ _ _ _ _ _ _ _ _ _ _

<u>a las vacas y los caballos</u>.

4. Toby no estaba en la <u>parte más alta</u> de la loma.

_____

_ _ _ _ _ _ _ _ _ _ _ _ _ _

5. Cam encontró a Toby en su <u>lugar donde ella duerme</u>.

_____

_ _ _ _ _ _ _ _ _ _ _ _ _ _

www.harcourtschoolsupply.com
© HMH Supplemental Publishers Inc. All rights reserved.

82

¿Puedes encontrar a mi perro?
Bilingual: Reading Grade 1, SV 9781419099670

Manny Helps Out

Manny likes to help his family. He is only four years old. He thinks he can do things his big brother can do. He wants to help his dad. His dad is painting the house. His dad gives Manny paint and a brush.

Manny gets paint all over his clothes. Dad says, "You will do better when you are five."

Manny says, "I don't want to paint anymore. I want to have some fun."

Dad laughs.

●●◗ **Circle the letter next to the best answer.**

1. Manny's brother is—
   A older than Manny.
   B younger than Manny.
   C the same age as Manny.

2. Why does Manny want to paint the house?
   A He is a good painter.
   B He wants to help his dad.
   C He does not like the color of the house.

3. What happens to Manny's clothes?
   A He tears them.
   B He washes them.
   C He gets paint on them.

4. What might happen next in the story?
   A Manny will paint more.
   B Manny will go outside to play.
   C Manny buys more paint.

Manny ayuda a su familia

A Manny le gusta ayudar a su familia. Él sólo tiene cuatro años. Él cree que puede hacer las mismas cosas que hace su hermano mayor. Él quiere ayudar a su papá. Su papá está pintando la casa. Su papá le da a Manny pintura y una brocha.

Manny mancha toda su ropa con pintura. —Lo harás mejor cuando tengas cinco años —dice su papá.

—Ya no quiero pintar. Quiero divertirme —dice Manny. Papá se ríe.

▶ **Encierra en un círculo la letra junto a la mejor respuesta.**

I. El hermano de Manny es—

  A mayor que Manny.

  B menor que Manny.

  C de la misma edad que Manny.

2. ¿Por qué quiere pintar la casa Manny?

  A Él es un buen pintor.

  B Él quiere ayudar a su papá.

  C A él no le gusta el color de la casa.

3. ¿Qué le pasa a la ropa de Manny?

  A Él la rompe.

  B Él la lava.

  C Él la llena de pintura.

4. ¿Qué es probable que pase enseguida en la historia?

  A Manny seguirá pintando.

  B Manny saldrá a jugar.

  C Manny comprará más pintura.

Bilingual: Reading Grade 1, SV 9781419099670

Name _____ Date _____

Lila's Party

Lila wanted to have a party for the end of school. Her dad helped her write notes to her friends.

> Please come to an End of the Year Party Saturday, June 10, from 2:00 to 4:00 P.M. at City Park. First we will swim, and then we will eat pizza. If you can come, please call Lila at 555-5565. Hope to see you at the park!

 **Circle the letter next to the best answer.**

1. Why is Lila having a party?
   A It is her birthday.
   B It is the end of school.
   C It is the Fourth of July.

2. What will Lila and her friends eat at the party?
   A ice cream
   B hot dogs
   C pizza

3. What should Lila's friends bring to the party?
   A a swimsuit
   B books
   C a present

4. What should her friends do if they can come?
   A write a note to Lila
   B call Lila
   C call their teacher

Bilingual: Reading Grade 1, SV 9781419099670

La fiesta de Lila

Lila quería tener una fiesta para celebrar el fin del año escolar. Su papá le ayudó escribir notas a sus amigos.

Por favor ven a una fiesta de fin de cursos el sábado, 10 de junio, de las 2:00 a las 4:00 p.m., en el Parque de la Ciudad. Primero vamos a nadar, y luego comeremos pizza. Si puedes asistir, por favor llama a Lila al 555-5565. ¡Espero verte en el parque!

●●●▶ Encierra en un círculo la letra junto a la mejor respuesta.

1. ¿Por qué va a tener una fiesta Lila?
   A Es su cumpleaños.
   B Termina el año escolar.
   C Es el 4 de julio.

2. ¿Qué comerán Lila y sus amigos en la fiesta?
   A helado
   B salchichas
   C pizza

3. ¿Qué deben traer a la fiesta los amigos de Lila?
   A un traje de baño
   B libros
   C un regalo

4. ¿Qué deben hacer sus amigos si pueden asistir?
   A escribirle una nota a Lila
   B llamarle a Lila
   C llamarle a su maestra

Bilingual: Reading Grade 1, SV 9781419099670

Rita's Find

One day Rita found a baby bird in the yard. There was no nest nearby. There was no mother bird.

Rita picked up the tiny bird. She kept it for three weeks. The bird grew strong.

Rita took the bird outside. It flew to a nearby tree. It began to sing. Rita knew that her bird would be fine.

●●●▶ Circle the letter next to the best answer.

1. Where does Rita find the bird?

A in the yard

B in a nest

C with its mother

2. Why does Rita take care of the bird?

A Its mother is gone.

B Rita likes to sing.

C The bird needs a doctor.

3. Why does the bird fly to a nearby tree?

A It wants to hide from Rita.

B It sees it mother in the tree.

C It is ready to take care of itself.

4. You can tell that Rita is—

A kind.

B silly.

C unhappy.

El descubrimiento de Rita

Un día Rita encontró un pajarito recién nacido en el patio. No había un nido cerca de ahí. No vio a la mamá del pajarito.

Rita recogió al pequeño pajarito. Ella lo cuidó durante tres semanas. El pajarito creció saludable.

Rita llevó al pajarito afuera. Éste voló a un árbol cercano. Empezó a cantar. Rita sabía que su pájaro estaría bien.

•••▶ Encierra en un círculo la letra junto a la mejor respuesta.

1. ¿Dónde encuentra Rita al pájaro?

   A en el patio

   B en un nido

   C con su mamá

2. ¿Por qué cuida Rita al pájaro?

   A Su mamá se fue.

   B A Rita le gusta cantar.

   C El pájaro necesita un doctor.

3. ¿Por qué vuela el pájaro a un árbol cercano?

   A Se quiere esconder de Rita.

   B Ve a su mamá en el árbol.

   C Ya se puede cuidar solo.

4. Se puede decir que Rita es—

   A amable.

   B tonta.

   C infeliz.

Name _____ Date _____

The Springtown Puppets

Sophie and Max wanted to put on a puppet show. They practiced their show and found a place to have it. The next morning they put up signs at the community center and at the park.

> **Puppet show today!**
> Come to Springtown
> Community Center.
> Show time at 3:30 P.M.
> No charge to watch the show.

●●▶ **Circle the letter next to the best answer.**

1. Where will the puppet show be held?
   A Springtown Community Center
   B Sophie's house
   C the park

2. What time does the puppet show begin?
   A 3:00 P.M.
   B noon
   C 3:30 P.M.

3. How much does it cost to go to the puppet show?
   A It costs 50¢.
   B It costs 75¢.
   C It is free.

4. What do Sophie and Max do first?
   A find a place
   B practice
   C put up signs

The Springtown Puppets
Bilingual: Reading Grade 1, SV 9781419099670

Los títeres de Springtown

Sophie y Max querían hacer una función de títeres. Ellos practicaron su espectáculo y encontraron un lugar para presentar la función. A la mañana siguiente ellos pusieron anuncios en el Centro Social de la Comunidad y en el parque.

¡Función de títeres hoy!
Ven hoy al Centro Social de
la Comunidad de Springtown.
Función a las 3:30 p.m.
La entrada es gratis.

▶ Encierra en un círculo la letra junto a la mejor respuesta.

1. ¿Dónde será la función?
   A en el Centro Social de Springtown
   B en la casa de Sophie
   C en el parque

2. ¿A qué hora empieza la función?
   A a las 3:00 p.m.
   B al medio día
   C a las 3:30 p.m.

3. ¿Cuánto cuesta entrar a la función de títeres?
   A Cuesta 50¢.
   B Cuesta 75¢.
   C Es gratis.

4. ¿Qué es lo primero que hacen Sophie y Max?
   A Encuentran un lugar.
   B Practican.
   C Ponen anuncios.

Homophone Path

Homophones are words that sound the same but have different spellings. **To** and **two** are homophones.

●●◗ Find a homophone partner for each word in the Word List. Draw a line to connect the homophone partners and help Kitty follow the path to her friends.

Word List   blue   here   eight   meet

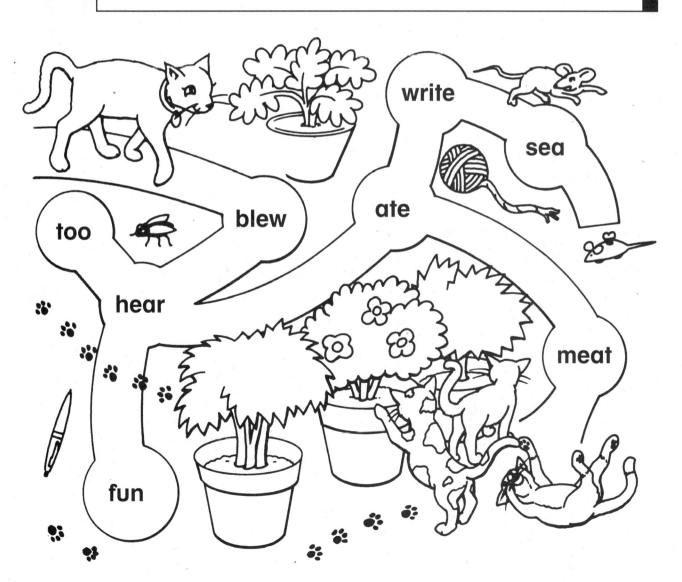

write

sea

too

blew

ate

hear

meat

fun

El camino de homófonos

Los **homófonos** son palabras que suenan igual pero se escriben diferente. Las palabras **tú** y **tu** son homófonos.

●●●▶ Encuentra el homófono de cada palabra en la Lista de palabras. Traza una línea para conectar cada homófono con su pareja y ayuda a Kitty a seguir el camino para llegar a donde están sus amigos.

Lista de palabras   a   como   hola   sí

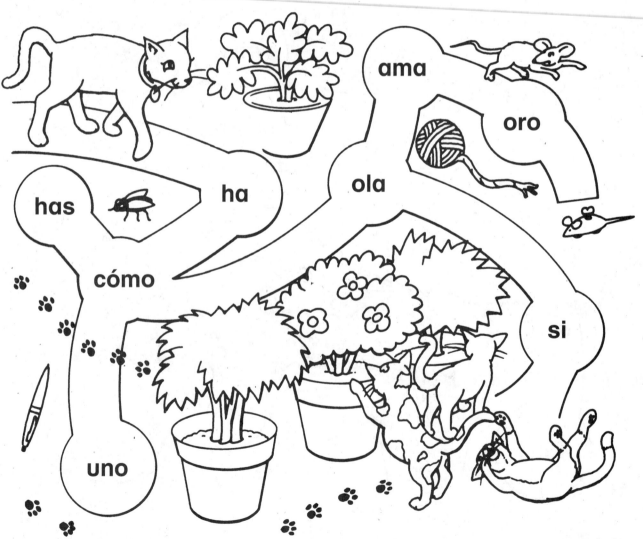

Hidden Picture

**●●●▶ Color each part that names an animal.
A picture will appear!**

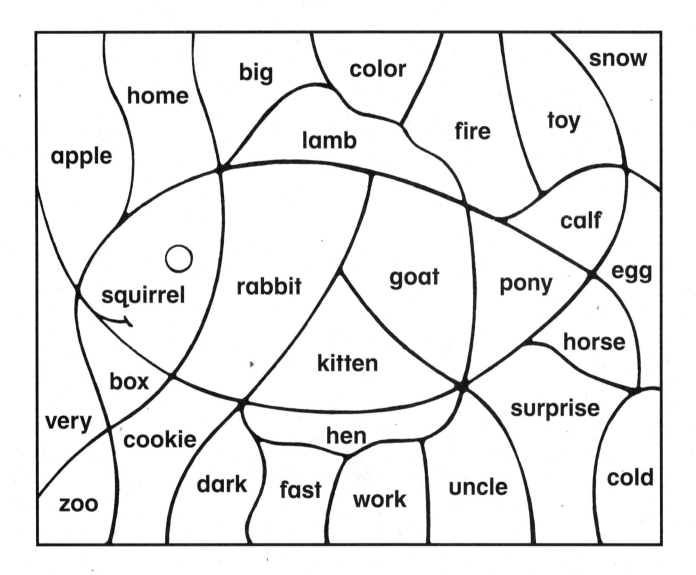

El dibujo escondido

••●▶ **Colorea cada espacio que tenga el nombre de un animal. ¡Aparecerá un dibujo!**

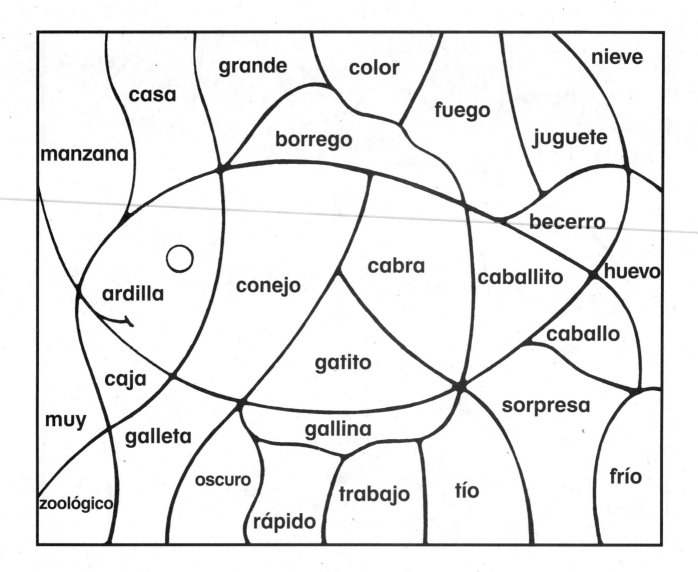

Answer Key

● ●

Page 4
1. friends
2. fun
3. mud
4. run
5. baths
6. keep

Page 6
1. amigos
2. divierten
3. del lodo
4. corra
5. bañarse
6. siendo amigo de

Pages 8 and 10
1. C
2. A
3. C
4. B
5. A

Page 12
1. cake
2. growing
3. backpack
4. pony
5. see
6. ride

Page 14
1. el pastel
2. crecer
3. una mochila
4. caballito
5. ver
6. se suben

Page 16
1. nap
2. wishes
3. trots
4. jumps
5. wet

Page 18
1. dormir una siesta
2. quiere
3. trota
4. salta
5. mojado

Page 20
1. flying
2. hold on
3. beach
4. think
5. water
6. days

Page 22
1. volar
2. se agarre
3. la playa
4. piensa
5. agua
6. volar

Pages 24 and 26
1. B
2. C
3. A
4. B
5. C

Page 28
1. pull
2. holes
3. dig
4. swim
5. shell

Page 30
1. jalar
2. hoyos
3. escarbar
4. nadar
5. concha

Pages 32 and 34
1. B
2. A
3. B
4. C
5. B

Page 36
1. house
2. dream up
3. cheese
4. try
5. together

Page 38
1. de la casa
2. se les antoje
3. queso
4. probar
5. al mismo tiempo

Pages 40 and 42
1. A
2. B
3. C
4. A
5. C

Page 44
1. ships
2. people
3. save
4. stay
5. loved
6. friends

Page 46
1. barcos
2. gente
3. salvar
4. quedarse
5. quería
6. amigos

Page 48
1. sleeve
2. laughs
3. yell
4. dinner
5. climbs

Page 50
1. manga
2. se ríe
3. grita
4. cena
5. se le trepa

Pages 52 and 54
1. B
2. B
3. A
4. C
5. A

Bilingual: Reading Grade 1, SV 9781419099670

Page 56
1. fun
2. visit
3. sand
4. rain
5. stars

Page 58
1. divertirte
2. visitar
3. la arena
4. lluvia
5. estrellas

Page 60
1. friends
2. play
3. sees
4. hole
5. jumps
6. house

Page 62
1. amigos
2. juegan
3. ve
4. al agujero
5. brinca
6. la casa

Pages 64 and 66
1. C
2. A
3. B
4. B
5. C

Page 68
1. table
2. baby
3. big
4. too
5. glad

Page 70
1. a la mesa
2. bebé
3. grande
4. también
5. contentos

Pages 72 and 74
1. B
2. B
3. C
4. A
5. C

Page 76
1. frog
2. box
3. man
4. mouse
5. hops
6. morning

Page 78
1. una rana
2. caja
3. Un hombre
4. un ratón
5. salta
6. en la mañana

Page 80
1. sun
2. window
3. barn
4. top
5. bed

Page 82
1. sol
2. ventana
3. establo
4. cima
5. cama

Pages 83 and 84
1. A
2. B
3. C
4. B

Pages 85 and 86
1. B
2. C
3. A
4. B

Pages 87 and 88
1. A
2. A
3. C
4. A

Pages 89 and 90
1. A
2. C
3. C
4. B

Page 91
Connect *blew, hear, ate,* and *meat.*

Page 92
Conecta *ha, cómo, ola* y *si.*

Page 93
Color *lamb, squirrel, rabbit, goat, kitten, pony, calf, horse,* and *hen.*

Page 94
Colorea *borrego, ardilla, conejo, gatito, cabra, caballito, becerro, caballo* y *gallina.*

Answer Key
Bilingual: Reading Grade 1, SV 9781419099670